AF325219

LETTRES
PATENTES
EN FORME D'EDICT

DV ROY, CONTENANT

Creation des Offices de Controlleurs des tiltres
pour estre vendus en heredité, Auec les charges
& droicts attribuez audit Office.

*Auec les Arrests de la Court de Parlement, donnez les
Chambres assemblées, les dixseptiesme Iuillet,
& vnziesme d'Aoust, mil six cens six.*

A ROVEN.

DE L'IMPRIMERIE,

De MARTIN LE MESGISSIER, Imprimeur
ordinaire du Roy, tenant sa boutique au haut
des degrez du Palais.

1618.

HENRY Par la grace de Dieu, Roy de France & de Nauarre : A tous presens & aduenir, Salut. Les frequents changemens suruenus depuis quelques années en cest Estat, & les troubles qui s'y sont veuz de temps en temps, ont tellement peruerty par l'impunité & licence de la guerre toutes formes & ordres, & ont tellemét dispensé à mal faire ceux qui y ont eu de l'inclination, qu'il ne s'est peu ymaginer espece de malice, incommodité, outrage, ou empeschement, qu'il n'ayt esté mis en pratique & vsage auec telle desolation, que le ressentiment & les vestiges en demeureront à perpetuité, & sur tout ceste mauuaise inclination à mal, s'est d'autant plus remarquée en la perte, bruslement & dissipation des tiltres & papiers, sur lesquels autant & plus cruellemét que sur les personnes, se trouue auoir employee la malicieuse dispositió de tels esprits, & par ce plus facilement & incommodément aussi ceste perte de tiltre s'est faite, que le despost des minutes d'iceux en est commis à vne seule personne, laquelle ruinee, & ses papiers saccagez, il ne reste plus de recours pour recouurer lesdits tiltres, qui registrez en diuers endroicts, seront d'autant moins faciles à ruiner & gaster ou esgarer. Novs apres auoir auec l'aduis de nostre Conseil deliberé tant sur la conseruation des minutes desdits tiltres, que sur ce qui se peut apporter d'asseurance & plus grande certitude & vallidité d'iceux, de nostre certaine science, plaine puis-

A ij

fance & authorité Royal , auons par cestuy nostre
Edict perpetuel & irreuocable , statué & ordonné,
statuons & ordónons, que par quelque contract que
ce soit de vendition, eschange, mariages, donations,
cessions, & transports, constitutions de rentes, garantie, contre-lettres licites & declarations , transa-
ctions, partages, adjudications par decret, amphi-
teose & baux à ferme, & generalement de toute autre disposition pour chose mobiliaire ou autre , soit
entre vifs ou de derniere volonté. Ne pourra estre
acquise aucune seigneurie, proprieté, ne droict d'y-
potecque & realité, encore que les acquereurs ou autres , au profit desquels lesdits contracts auront esté
passez ; ayent prins possession naturelle , & par con-
stitution de precaire , retention d'vsufruict ou autre
voye de droict, s'ils ne sont enregistrez dans vn mois
du iour & dabte d'iceux : és registres qui seront par
nous ordónez és registres des Bailliages, Seneschaus-
sees, Preuostez, & Iurisdictions Royalles, tant és sie-
ges generaux & particuliers ou lesdits biés ainsi alie-
nez sont assis , en & sur lesquels on voudra respecti-
uement pretendre droit de proprieté, seigneurie hypotecque ou realité , par les Commissaires qui par
nous serót commis & deputéz pour cest effect, pourueu que le contract excede cinq escus en sort principal , & de rente fonciere trente sols, & l'obligation
mobiliaire de dix liures, lesquels serót tenus de mettre au dos desdits contracts, l'acte dudict registre-
ment faisant mention du iour & an, & du fueillet de
leur registre ou ils auront esté enregistrez, & neantmoins en pourront bailler vn acte à part aux parties,
si elles le requierent, tellement que toutes venditiós,

executions, tranſports, permutations, conſtitutions
de rente, partages, tranſactions, amphiteoſe, baux,
obligations, & tous autres contracts perpetuels &
portans ypotecque, enſemble leſdites adjudications
par decret qui auront eſté enregiſtrées en la forme
deſſuſdite, ſeront preferez pour leſdicts droits, ſei-
gneurie, hypotecque & realité à tous autres qui ne
l'auront eſté, combien qu'ils ſoyent en dabte precedent, & que les contractans euſſent pris & fuſſent en
poſſeſſion des choſes à eux cedées & tranſportées,
& ne ſe pourra prendre ledit droit de proprieté, ſieurie, hypotecque & realité, que du temps, iour &
dabte dudit contract, pourueu qu'il ait eſté enregi-
ſtré dans ledit temps d'vn mois, lequel vaudra tant
pour acquerir ladite proprieté & ſieurie, que pour le
droit d'ypotecque & realité concernant le fait de la
garantie, en que leſdicts heritages ſubjetz à ladicte
garantie ſoyent ſituez & aſſiz. Et quand à tous autres contracts, au moyen deſquels on voudroit pretendre droit d'ypotecque & realité, ne ſera acquis
aucun deſdits droits, ſinon ſur les lieux & heritages
eſtans en la Iuriſdiction en laquelle ſera fait ledit en-
regiſtrement, & quand aux teſtamens & autres diſpoſitions de derniere volonté, il ſuffira les faire enregiſtrer eſdites Iuriſdictions tant du domicile du
teſtateur, que du lieu ou il ſera decedé, & pour ce
qu'il ſe pourra trouuer en vn meſme lieu & heritage
ou partie d'iceluy, ſeroit aſſis en diuers lieux, Bailliages, Seneſchauſſées, ou autres Iuriſdictiós Royalles comme dit eſt: En ce cas leſdits contracts ſeront
enregiſtrées au ſiege Royal ou ſera aſſis le manoir
principal deſdicts lieux, & pour obuier aux abus &

A iij

fraudes qui se pourroient commettre au fait des testamens. Auons ordonné & ordonnôns par cesdi-
tes presentes, que tous testamens portans institutiô,
substitutions, fidei-commis, ou autres dispositiôs,
soyent enregistrez esdites Iurisdictions, comme les
autres contracts dessusdits, & que tous autres heri-
ritiers ou autres y ayans interest, seront tenus les faire enregistrer comme dit est, dedans vn mois apres
la mort des testateurs, sur peine à faute d'auoir sa-
tisfait à ce que dit est, dedans ledit temps d'vn mois,
& iceluy expiré, d'estre priuez d'icelles successions,
au cas toutesfois que pour leur absence ou autre oc-
casion legitime il ne soit venu à leur cognoissance, lequel enregistrement leur seruira, & aussi aux substi-
tuts fideicommis & legataires, & pour la conseruation
de leur droict, pourront prendre acte & instru-
ment des clauses dudit testament, faisant mention
de leur substitution, fideicommis & droicts par eux
pretendus, & par lesquels ils pretendent estre substi-
tuez, appellez, ou auoir droit esdites successiôs, por-
tions d'iceluy, ou fideicommis, & pource accomplir
& executer. Auons statué & ordonné statuons &
ordonnons, que chacun de nosdits subjectz faisant,
passant, & consentant les contracts dessusdits, sera
tenu d'exprimer le ressort & siege Royal, auquel l'heritage par luy vendu, permutté & hypotecqué ou dô-
né, est situé ou assis, & à tous Notaires, Tabelliôs
& personnes publiques, de ne reçeuoir aucuns contracts, donations, venditions, & autres dispositions
entre vifs, que lesdicts ressorts ny soient exprimez,
sur peine quand ausdits Notaires & Tabellions de
priuation de leurs Estats, & aux vendeurs d'estre pu-

...is extraordinairement & comme faux vendeurs, &
seront tenus lesdits contractás faire ledit enregistrement dedans ledit temps & ainsi que dessus est dit,
apres les contracts passez, & en ce faisant vaudra ledit
enregistrement comme s'il eust esté faict du iour &
dabte dudit contract, sans que pendant ledit temps,
l'on puisse acquerir droict de proprieté, Seigneurie,
hypotecque, & realité, au prejudice du premier con-
tractant, & ayant fait faire ledit enregistrement dedans ledit temps & à l'effet cy dessus. Auons creé,
erigé, creons, erigeons par ces presentes en chacun
siege Royal, soit capital, presidial ou particulier du
Bailly, Seneschal, ou Preuost alloüé, Viconté ou autre en tiltre d'office formé vn Controlleur qui s'ap-
pellera (Controlleur des tiltres) pour estre vendu en
heredité au plus offrant & dernier encherisseur, par
les Commissaires qui serót par nous depputéz, lequel
enregistrera en son ressort lesdits contracts & adjudications ou les biens y contenus seront situez & assis,
& ainsi que les parties le requerront, & qu'il est contenu cy dessus, & à ce que lesdits Controlleurs ne
prennent salaire outre raison. Auons ordonné &
ordonnons qu'ils ne pourront prendre que deux sols
parisis pour chacun fueillet de papier, & du plus ou
du moins à l'équipollent : Et en ce faisant seront tenus lesdits Controlleurs mettre au bout desdits contracts, les iours, mois, ans, & fueillets de leurs registres ou ils auront esté enregistrez, & dudit endosse-
ment seront tenus faire mention en l'endroit de leur
registre ou ledit contract aura esté enregistré, duquel
registre, ledit Controlleur ne fera communication
qu'à ceux qui y auront interest ou autres, ainsi que par

Iuſtice ſera ordonné & non autrement, & pour la cō-
munication de chacun contract prendra deux ſol
tournois, & là ou les parties en voudroient auoir
extraicts en parchemin ou pappier, leur ſerõt par luy
expediez moyennant ſalaire raiſonnable. Ordonnons en outre que leſdits Controlleurs feront leur
regiſtre en bon papier relié, & continué & non par
fueillets attachez ; Et à la fin de chacũ enregiſtremẽt
de contract, mettront leur ſeing entre iceux contrats
ſans laiſſer aucun fueillet ou partie d'iceluy vagne
mais continueront leurſdits regiſtres ſans interuale
d'eſcriture, le tout ſur peine de faux, & auant qu'eſcri-
re aucune choſe audit regiſtre, ſera chacun deſdicts
fueillets cotté en teſte ſelon ſon nombre, & eſcrit au
dernier fueillet le nombre de tous les fueillets dudict
regiſtre, lequel nombre ſera eſcrit au long arreſté &
contre-ſigné par le Iuge du lieu, noſtre Procureur &
par ledit Controlleur, ſans que pour ce faire les deſſuſdits puiſſent prendre aucun ſalaire, & ou aucune
partie voudroit auoir extraict deſdits regiſtres, ſe fera par leſdits Coutrolleurs, & eſtans par eux ſigné,
foy ſera adjouſtée cõme au propre original pour leur
ſeruir ce que de raiſon, ſans ce neãtmoins qu'ils puiſſent porter aucune execution, & pourront leſdits Cõ-
trolleurs cõmettre à l'exercice deſdites charges per-
ſonnes capables dont ils ſeront reſponſables qui auront ſerment à nous : Et neantmoins ſerõt deſtituez
par leſdits Controlleurs quand bon leur ſemblera, &
pour oſter toutes les dificultez qui pourroiẽt naiſtre
de ce que deſſus. Declarons que nos preſens Edict,
ſtatut & ordonnance n'auront lieu ſinon du iour &
dabte que la publication & lettres auront eſté faites
en

en nos Cours de Parlemés. Et pour le regard des pays
& reſſorts qui y ſont ſubjetz : & quát a tous contrats,
teſtamens, & toutes autres diſpoſitions, tranſactions,
partages & adjudications faites & paſſées auparauant
leſdites publications, ils demeureront en leur force
& vertu, ſans qu'il ſoit beſoin les faire regiſtrer, ſi ce
n'eſt de la volonté des parties, & pour reigler du tout
le fait dudit enregiſtremét, & ne laiſſer rien en arrie-
re de ce qui ſera pour l'accompliſſemét de ceſtuy noſtre Edit. Auons declaré & declarons que toutes vé-
ditions, eſchanges, mariages, teſtamens, partages,
tranſactiós, conſtitutiós de rente, amphiteoſe, baux,
obligations, & autres contracts deſſuſdits qui ſeront
faits & paſſez tant és Cours Royalles, que ſouz ſceaux
Royaux, que toutes autres Courts, Iuſtices & ſceaux
inferieurs, ſeront enregiſtrez ainſi qu'il eſt dit cy deſſus, ſans aucune exception ne reſeruation, ne que l'on
puiſſe pretendre leſdits contracts paſſez ſoubz ſceaux
inferieurs n'eſtre compris en ces preſentes, pour n'e-
ſtre paſſez par Notaires & ſouz ſceaux Royaux. Et à
ceſt effect enjoignons tref-expreſſément à tous Tabellions & Notaires tant Royaux que ſubalternes &
de Iuſtice & ſceaux inferieurs lors qu'ils paſſeront les
contracts deſſuſdits, qu'ils ayent à les notifier & faire
mention en leurſdits contracts de la notification &
en aduertir les parties, ſur peine de tous deſpens, dó-
mages & intereſtz euquoy leſdites parties pourront
encourir à faute d'auoir fait enregiſtrer iceux cótrats.
Voulons auſſi & entendós que deffenſes tref-expreſ-
ſes ſoyent faites de par nous, à nos gardes de nos petits ſceaux & autres, de ſceller aucuns contracts ny
actes de la qualité portée par noſtredit Edit, qu'ils ne

soient controllez & enregiftrez fuiuant iceluy , fu
peine de fufpention de leurs offices, & femblablemē
à tous Huifsiers & Sergens tant Royaux qu'autres, d
mettre à execution lefdits contracts , qu'ils ne foien
controllez comme deffus eft dit, & aufdites parties d
s'en aider, à peine de nullité , & aufdits Sergents fu
les mefmes peines de fufpention de leurs Eftats & Of
fices, & en cas d'oppofition ou appellation , nous er
auons tenu & referué la cognoifsance à nous & a noftre Confeil, & icelle interdicte & deffenduë , inter-
difons & deffendós à toutes nos Cours Souueraines,
Iuges , & autres Officiers quelsconques. Voulon
auffi que ceux qui achapteront lefdits Offices de Cō
trolleurs, leurs vefues & heritiers foient tenus de faire charger de leurs regiftres ceux qui fuccederont en
leur place aufdites charges , afin que noz fubjectz er
puiffent auoir communication par leurs mains & nor
d'autres quant befoin en auront, les deniers proue-
nans defquels Offices , feront reçeuz par les quittances de Maiftre   que nous auons pou
ceft effet commis, pour eftre par luy portez en noftre
Efpargne, ou payez en vertu des mandemens ou quittances des Treforiers d'icelle , ainfi qu'il luy fera pa
nous ordonné, lefquelles quittances enfemble les cō-
tracts qui feront paffez par lefdits Controlleurs au
acquereurs defdictes Offices. Nous auons valli
dez & authorifez, vallidons & authorifons par cef
dites prefentes, & voulons feruir aufdits acquereurs
fans qu'ils puiffent eftre depoffedez defdites Office
en quelque forte & maniere que ce foit , finon en le
rembourfant actuellement de leurs deniers, fraiz, &
loyaux couftz, & fans auffi qu'aucuns autres qui fe-

ront pourueuz defdites Offices de Controlleurs en
vertu du prefent Edit, fe puiffent immifcer audit Cō-
trolle quelques Edits & Declarations qu'ils puiffent
auoir de nous & de nos predeceffeurs, au moyen du
remboursement que nous entendons eftre fait à ceux
qui auroient efté pourueuz & actuellement reçeuz à
exercer lefdites Offices de Controlleurs de tiltres de
la finance qu'ils monftreront auoir actuellement
payee, fitant eft qu'ils n'en euffent eu remboursemēt
d'ailleurs. Si DONNONS EN MANDEMENT
à noz améz & feaulx Conſeillers les gens tenans noftre Court de Parlement à Rouen, que ceftuy noftre
prefent Edit ils facent lire, publier, & regiftrer, & le
contenu garder fuiure & obferuer de poinct en poinct
felon fa forme & teneur : ceffant & faifant ceffer tous
troubles & empefchemens à ce contraires, Car tel
eft noftre plaifir. En tefmoin dequoy nous auons
fait mettre noftre feel à cefdites prefentes, fauf en autres chofes noftre droit & l'autruy en toutes. Dōnné
à Paris au mois de Iuin, l'an de grace mil fix cens fix.
Et de noftre regne le dixfeptiefme.
Signé,   HENRY.   Et fur le reply,
PAR LE ROY. POTIER. Et à cofté, VISA.

Et feellées en lacz de foye rouge & verte du grād feel
de cire verte.   Et fur ledit reply eft efcript,

*Regiftrées és regiftres de la Court, Oy le Procureur general
du Roy, du tres-expréz commandement dudit Seigneur par
plufieurs fois reiteré, pour eftre executées aux charges & modifications contenuës és arreftz de ladicte Court dés 17. Iuillet
& de ce iour d'huy les Chambres affemblées. A Rouen en
Parlement l'vnziéme iour d'Aouft, 1606.*
    Signé,   DE BOIS LEVESQVE.

EXTRAICT DES REGISTRES
de la Court de Parlement.

EV par la Court les Chambres assemblées, les Lettres patétes en forme d'Edit, données à Paris au mois de Iuin dernier, Contenant creation des Controlleurs des tiltres en chacun siege Royal, soit capital, Presidial, ou particulier du Bailly, seneschal ou Preuost vicôté ou autre en tiltre d'office, pour estre vèdu en heredité, auec les charges, functions, & droits attribuez audit office. Autres lettres closes du dernier iour dudit mois, Par lesquelles ledit Seigneur veut & ordonne qu'il soit procedé à la verificatió dudit Edit, & autres y mentionnez, Rapport des Presidens Premier & Maignart, ayans esté depputez, & auec eux aucuns des Conseillers de ladite Court, pour faire remonstrances audit Seigneur sur la consequence de l'Edict de nouuelle création des Vicontéz en chacun siege. Arrest de ladite Court de l'vnziéme de ce mois, Par lequel elle auroit ordonné que ledit Seigneur seroit tres-humblement supplié de la vouloir dispenser de proceder à la verification desdits Edits, comme estâs plus importans & prejudiciables au bien de son seruice & du public, que celuy desdits Vicontes. Lettres de Iussion & commandement expréz dudit Seigneur de proceder à la verification desdits Edits donnez à Môceaux le 13. dudit mois. Autres lettres patentes de declaration dudit Seigneur dudit iour, contenát attributió à ladite Court, & interdiction à tous autres Iuges de la cognoissance des oppositiós & differens qui pourroient interuenir en l'exécution dudit Edit, pour

estre iugez & terminez en icelle Court. Autres lettres
closes dudict Seigneur dudict iour. Conclusion du
Procureur general du Roy, tout consideré.

LA DITE COVRT, les Chambres assemblees
du tres-exprés commandement du Roy par plusieurs
fois reiteré, A ordonné & ordonne que ledit Edit de
creation de Controlleur des tiltres sera leu, publié &
enregistré és registres de ladicte Court, pour auoir
lieu, à comméceꝛ du premier iour de Nouembre prochain, & estre le contenu en iceluy gardé & obserué
pour le regard des contracts & obligations excedans
cinq escus de rente ou reuenu annuel, & de ceux qui
excederont cinquante escus en meuble, ou pour vne
fois payer, & fors & reserué les partages, decrets d'heritages, baux à ferme non excedans neuf années, traictez & contracts de mariage, sinon quand aux clauses
de donation si aucuns y à ausdits contracts de mariage
& testamens sous seings priuez, qui ne seront passez
par deuant Notaires & Tabellions, & se fera le con-
troolle & enregistrement desdits contrats dans quatre mois du iour & dabte d'iceux, & és lieux ou ils auront esté passez, & domicille des obligez qu'ils seröt
à ceste fin tenus essire en ceste Prouince de Normädie
en passant lesdits contrats, & sans qu'il soit besoin de
faire controoller lesdits contrats, baux, & autres o-
bligations ailleurs, & à faute de Controlleurs establis
esdits lieux au plus prochain siege Royal, par ce aussi
que les actes & extraicts desdits controolles & registres ne seront foy que dudict enregistrement & con-
seullement, & que suiuant lesdictes lettres de
troolle tion du traiziesme de ce mois, les oppositions
declara ens qui interuiendront en l'execution dudict
& differ

Edict, seront jugez & decidez en ladite Court, & sans
que lesdits Estats & Offices de Controlleurs puissent
estre censez & reputez domaniaux. Faict à Rouen en
Parlement, le dixseptiéme iour de Iuillet mil six cens
six.

Signé,   DE BOISLEVESQVE.

VEV par la Court, les Chambres
assemblées, les Lettres patentes en
forme de Iussion, données à Paris
le troisiesme de ce mois : Par lesquelles est mandé à ladicte Court
leuer les modifications contenuës
en l'Arrest d'icelle, du dixseptiesme
Iuillet dernier, interuenu sur la verification de l'Edict
du mois de Iuin precedent, contenant la creation des
Controlleurs des tiltres en chacun siege Royal, soit
capital, presidtal, ou particulier en tiltre d'office, pour
estre vendu en heredité, en ce que par ledit Arrest
l'execution dudit Edict auroit esté remise iusques au
premier iour de Nouembre prochain, en retrenchant
les contracts & obligations au dessous de cinquante
escus, ensemble les contracts de mariage, partages,
decrets d'heritages & baux à ferme au dessous de neuf
années, ledit Arrest du dixseptiesme Iuillet dernier,
Conclusion du Procureur General du Roy, tout consideré.

LADICTE COVRT, les Chambres assem-

blées, pour le regard de la limitation de l'execution
dudit Edict, pour les contracts & obligations excedans la somme de cinquante escus en meuble, ou pour
vne fois payer, à leué & leue les modifications contenuës audit Arrest du dixseptiesme Iuillet, & icelles
reduites aux contracts & obligations excedâs la somme de cent liures seulement pour vne fois payer, &
que ledict Edict aura lieu à commencer du premier
iour d'Octobre prochain, & pour le surplus ordonné
que ledit Edict sera executé aux charges & modifications contenuës audit Arrest du dixseptiesme Iuillet
dernier. Faict à Rouen en Parlement, l'vnziéme iour
d'Aoust, mil six cens six.

Signé,   DE BOISLEVESQVE.

SVR la Remonstrance faite par le Procureur General du Roy, aux Commissaires depputez par sa Majesté, pour la
vente en heredité des Estats & Offices
de Controlleurs des tiltres en chacune
Viconté du ressort de Normandie, en
execution de l'Edict du mois de Iuin dernier, & Arrests de verification d'iceluy dés dixseptiesme Iuillet,
& vnziesme Aoust ensuiuant, des abbus qui se pourroient commettre par ceux qui exerceront lesdicts
Estats & Offices, en la forme de leurs Registres & es-
critures, sous pretexte du droit & sallaire à eux attri-
bué par ledit Edit de deux sols six deniers pour chacun
fueillet de pappier, si icelle forme d'escrire, & faire

leurs regiftres ne leur eft prescripte , reiglee & li-
mitee.

LES DITS COMMISSAIRES ont ordon-
né & enjoinct aufdits Controlleurs des tiltres ou leurs
Commis en l'exercice defdits Eftats & Offices, de faire bons & fidelles Regiftres, & iceux rediger en bon-
ne forme de pappier relié de la marque & grandeur
ordinaire du pappier au pot, qu'ils escriront raison-
nablement , fans y employer moins de quinze lignes
pour chacune page de pappier , & de neuf ou dix fylla-
bes pour chacune ligne, fur peine de concuffion ; Et
au furplus garder & obferuer les autres Reiglemens
contenus audit Edict, fur les peines indites par iceluy,
Et à ce que le prefent Reglement foit notoire. Lefdits
Commiffaires ont ordonné & ordonnent qu'il fera
mis & Imprimé à la fin des vidimns dudit Edict , &
enuoyé par les Bailliages & Vicontez de cedit reffort,
pour y eftre leu, publié , & enregiftré en chacun fiege
de Iurifdiction. Et enjoinct aux Iuges iceluy faire
exactement garder & obferuer , fur peine d'en refpon-
dre en leurs propres & priuez noms. Faict à Rouen,
le dixhuictiefme iour de Septembre mil fix cens fix.

Signé,   CLAVDE GROVLART.

MAIGNART.   LE ROVX.

ENRY par la grace de Dieu Roy de France & de Nauarre. A nos améz & feaux Conseillers les gens tenans la Chambre des Vacations en nostre Court de Parlemét de Rouen, alut. Sur l'aduertissement à nous donné à nostre Conseil, qu'en procedant par s Commissaires à ce depputez à l'execuion de nostre Edict du moys de ernier veriffié en nostredicte Court, plueurs personnes feroient difficulté d'encher les offices de Controlleurs des tiltres, & reffes, soubz pretexte de quelques mandeens decernez par les Sieurs de Courson & e Bazire, Commissaires cy deuant par nous epputez pour la reuéte & reünion de nostre omaine & antiés droicts des Greffes & Taellionnages, & d'autant que lesdits droicts tans de recent establissemét, n'ont de rien ōmun auec ce qui est de l'Edict de reuente,

C

dõt lefdits Sieurs de Courfon & Bazire fon
executeurs de beaucoup precedés le prefen
eftabliffement defdits droits nouueaux & d
nouuelle attribution & inftitution defdict
Greffes. Auffi n'eft-ce noftre intentiõ qu'i
foit rien cogneu ou attenté fur iceux par lef
dits Sieurs de Courfon & Bazire, au pouuoi
& commiffiõ defquels ne font comprins lef
dits droits qui n'eftoient encores inftituez &
érigez lors de l'expedition de leurfdits pou
uoir & cõmiffion. Povr ces cavses nou
auõs ordóné & ordõnons par ces prefentes
que par lefdits Cõmiffaires par nous depputez à la vente defdits nouueaux droicts, il fer
promptemét procedé noftre Procureur general prefent à l'execution de nofdits Edict
d'inftitution & creation defdits droicts, lef-
quels fortiront leur plain & entier effet, fan
que les encheriffeurs defdits offices de Controlleurs des tiltres & Greffes puiffent eftre
inquietez ny troublez par lefdits de Courfon
& Bazire, en la joüiffance d'aucuns defdicts
offices & des droicts par nous attribuez pour
lefdites prefentations & petits feaux, ne lefdits Sieurs de Courfon & Bazire ordõner ou
difpofer, en forte que ce foit d'iceux droicts
en vertu de leurs pouuoirs & cõmiffions, ce q̃
nous leur deffendons tres-expreffément, &

de troubler ou empescher les proprietaires &
adjudicataires directemēt ou indirectement
en la libre & paisible jouissance & possession
des droicts qui leur seront adjugez. Si vous
mandōs & ordōnons que ces presentes vous
faites registrer, garder & obseruer, vous don-
nant de ce faire & attribuāt entāt que besoin
est & seroit, toutes Court ponuoir iurisdi-
ctiō & cognoissance en attēdant la seance de
nostredite Court de Parlemēt, & nonobstāt
laquelle & toutes autres choses à ce cōtraires
ne sera par vous ou autres l'executiō des presentes differées ne retardées. Car tel est nostre plaisir. Donné à Fontainebleau le dix-
neufiéme iour de Septēbre, l'an de grace mil
cēs six. Et de nostre regne le dixhuictiéme.

Signé,   HENRY.   Et plus bas,

PAR LE ROY.   POTIER.

Et seellé sur simple queuë du grand seel en
cire jaune.   Et à costé est escript.

EXTRAICT DES REGISTRES
de la Court de Parlement.

VEV Par la Court, les Chambres assemblées, les Lettres patentes en forme de Iussion dõnez à Fontainebleau le vingt & vniéme iour de ce present mois, par lesquelles est mandé & tres-expressément enjoint à ladite Court, leuer & oster les modifications contenuës és Arrests d'icelle, les dixseptiéme Iuillet, & vnziéme Aoust dernier interuenus sur la verification de l'Edict faict par le Roy au mois de Iuin precedent, contenant creation des Estats & Offices de Controlleurs des tiltres en chacun siege & iurisdictiõs de ceste Prouince de Normandie, tãt pour les baulx à ferme que ledit Seigneur veut & entend y estre comprins, que pour l'exception des contracts qui n'excederõt la somme de cent liures pour vne fois payer, l'intẽtion dudit Seigneur, estant que le contenu en sõdit Edict soit suiuy pour ce regard,

fans aucune diminutió ny retrenchemēt, lefdits Edict du mois de Iuin, & Arrefts de verification d'iceluy aux charges & exceptiós
& modifications y contenuës. Autres Lettres de Iuffió du quatorziéme d'Octobre dernier. Arreft de ladite Court du dixhuictiéme
de ce mois, Par lequel elle auoit ordonné que
ledit Seigneur Roy feroit tres-humblement
fupplié d'auoir agreable la verification dudit
Edict, aux modificatiós contenuës efdits arreftz dés dixfeptiéme Iuillet, & vnziéme
Aouft derniers. Conclufion du Procureur General du Roy, Tout confideré. LA-
DICTE COVRT les Chambres affemblées, du tres-expréz commandement du
Roy par plufieurs fois reïteré, Et oy la crean-
ce du Sieur Duc de Montpenfier, Pair de
France, Gouuerneur & Lieutenant general
pour ledit Seigneur en ce pays & Duché de
Normandie, A ordonné & ordonne que ledit Edict aura lieu pour les contracts & obligations excedans la fomme de cinquante liures pour vne fois payer, & baulx à ferme excedans pareillement la fomme de cinquante
liures par chacun an, fans en ce cóprendre les
adjudications & baulx à ferme du Roy, des
communautez des villes & biens des pupil-
les, le furplus des modifications contenuës

esdits arreftz de verification dés dixseptiéme
Iuillet, & vnziéme Aouft derniers, tenant
tant pour les partages & decrets d'heritage,
que traictez de mariage & testamés, lesquels
en demeureront pareillement exceptez suiuant lesdicts Arrests & autres charges & re-
glemens portez par iceux, & ne commence-
ra à courir le temps de quatre mois limité par
ledict Arrest du dixseptiéme Iuillet dernier,
pour faire le contrerolle & enregistrement
desdicts contracts, que du iour de l'establis-
sement qui sera faict des Bureaux desdicts
Controlleurs des tiltres en chacun Siege.
Faict à Rouen en ladite Court de Parlement
les Chambres assemblées, le vingt-huictié-
me iour de Nouembre, l'an mil six cens &
six.

Signé,　DE BOISLEVESQVE.